NICHTS

WIE GUTE TAGE

Für Willigis Jäger

Kyo-un Roshi

Astrid Will

NICHTS
WIE GUTE TAGE

NUR HAIKU

Bibliografische Information der Deutschen Nationalbibliothek:
Die Deutsche Nationalbibliothek verzeichnet diese Publikation in der Deutschen Nationalbibliografie; detaillierte bibliografische Daten sind im Internet über http://dnb.dnb.de abrufbar.

© 2015 Astrid Will

Herstellung und Verlag:
BoD - Books on Demand, Norderstedt

ISBN 978-3-7347-4753-3

VORWORT

'Nichts wie gute Tage' erinnert wohl manche Zen-Übende an das bekannte und oft zitierte Koan 'Jeder Tag ein guter Tag':

"Ummons 'guter Tag'
Ummon sagte in einer Unterweisung: 'Ich frage euch nicht nach der Zeit vor dem fünfzehnten Tag; bringt mir ein Sätzchen über die Zeit nach dem fünfzehnten Tag. 'Ummon selbst antwortete an Stelle der Mönche: 'Jeder Tag ein guter Tag'."
(Fall 6 aus der Koansammlung 'Hekiganroku - Niederschrift von der smaragdenen Felswand')

Gute Haikus sind vom Zengeist durchdrungen. Diesen Geist - falls hier vorhanden - zu erfahren, wünsche ich allen Lesern.

Dies Büchlein ist meinem Lehrer Willigis Jäger Kyo-un Roshi gewidmet, der mir sowohl während der Zeit 'vor dem fünfzehnten Tag' als auch während der Zeit 'nach dem fünfzehnten Tag' ein gütiger und nachsichtiger, zuweilen auch strenger Weggefährte war.

Er feiert in diesem Jahr seinen 90. Geburtstag. Mögen uns noch viele, in jedem Fall gute Tage und Jahre mit ihm gegönnt sein!

Marburg, im Januar 2015

Hat der Meister wohl
rechtzeitig zum Neunzigsten
den Pass verlängert?

Himmel klart sich auf.
Über die Hügelkette
erster Sonnenstrahl

Morgendlicher Gruß -
Hundegebell im Garten.
Zeit aufzustehen.

Hier lässt sich's gut sein,

im Haus mit acht Bewohnern.

Oder sind's neune?

Alte Haustüre

hält sich wacker im Rahmen.

Vorsichtig schließen!

Im Treppenaufgang
kleine Bildergalerie,
zarter Blütenduft.

Vogelgezwitscher -
von der Straße herüber
Motorengedröhn.

Im Nebenzimmer
Bilder, Farben, Grafiken.
Im Sessel ist Platz.

Postbote klingelt.

Wer da nun wohl gemeint ist -

er schellt überall.

Schau' aus dem Fenster -

lautes Treiben im Garten.

Krähen und Hunde.

Gedanken schweben

Tiefer, gestrichener Ton -

hier spielt die Musik!

Handwerker im Haus,

Kinderschritt auf der Treppe.

Sitze in Stille

Vorplatz frisch gefegt -

schon kommt der Wind gewirbelt.

Kesser Blättertanz

Briefkasten geleert -
wieder kein Briefchen für mich.
Vogelliedgrüße.

Ist Besuch zuhaus'?

Gespräch im Nebenzimmer.

Nein - telefoniert

Lang nicht mehr geseh'n,

die Hinterhausbewohner.

Schon geh'n Lichter an.

Bunte Lampenpracht
gleich im Haus gegenüber.
Ringsum Dunkelheit.

Leises Klavierspiel -
oben oder gar unten?
Sitzkissen wartet

Samstag Vormittag -

Hausputzer kommen saugen.

Soll ich bei mir auch?

Sitze am Schreibtisch,

Glockenklang von ferne her.

Cello jubiliert

Milder Sonnentag.
Sie wartet auf Besucher -
die Bank im Garten.

Nachbar kommt heraus.
'Hallo' ruft er herüber
und steigt auf sein Rad.

Kirchtürme spitzen
hinter Blättergrün hervor.
Krähengekreische.

Fußgängerlachen
übertönt vom Autolärm.
Meisengeflatter

Küchengeräusche,

vielversprechende Düfte.

Bin aber schon satt.

Wenig Beleuchtung
am Weg hoch zum Hinterhaus.
Nimm Taschenlampe!

Ist Licht nebenan?

Schau' mal rein zur Abendstund'.

Farbengepinsel.

Abendzeitstille

und sternenklarer Himmel.

Klack – Klanghölzerschlag

Kein Laut - geräuschlos
kommt der neue Tag herauf.
Plötzlich Donnerhall.

Nach dem Gewitter -

Regentropfen am Vordach,

sonnenlichtdurchstrahlt.

Kreisender Bussard
segelt tiefer und tiefer.
Aufgepasst Mäuse!

Ach, Sonntagsruhe.

Aufgeklappt Stühle und Tisch -

frühstücken draußen.

Beine langgestreckt -
Cellospiel im Dachgeschoss.
Wolken zieh'n dahin.

Bei Sonnenlicht raus,

keinen Schirm mitgenommen -

jetzt prasselt Regen.

Kühle klare Luft,
frische Brise fährt durch's Haar -
Mütze wär' jetzt gut.

Lange Wanderung -
keinerlei Spuren heimwärts
zurück gelassen

Abenddämmerung -
aufgeregter Amselruf
mit Hundegebell.

Hoch oben der Mond
und am Flussufer unten -
Wasserspiegelmond.